La fiesta

Antonio Medel
ilustrado por Marcelo Elizalde

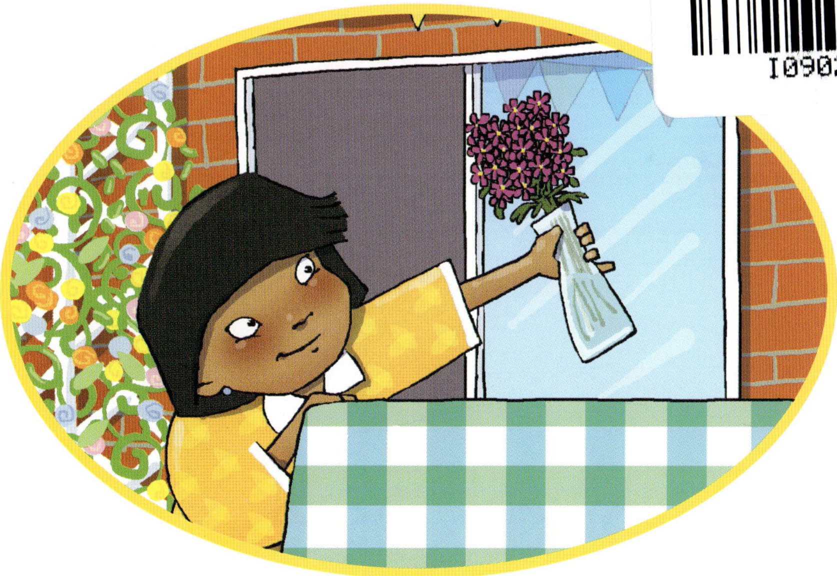

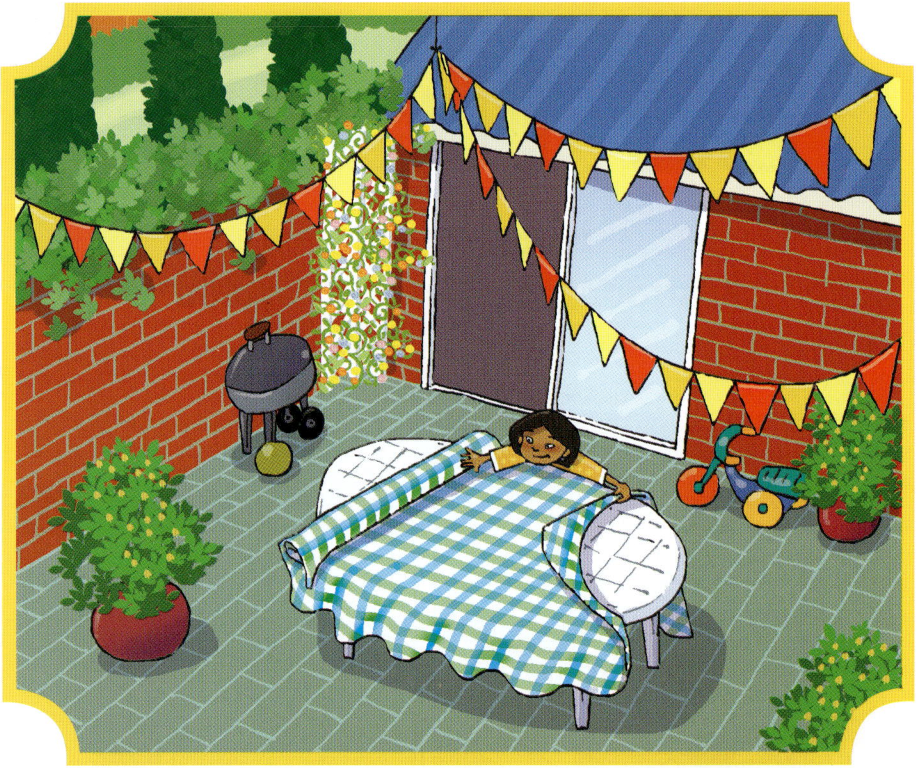

Ella pone este 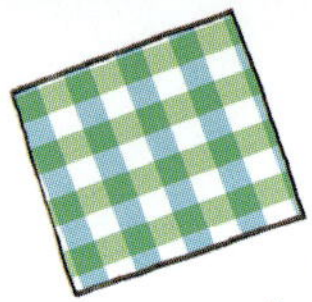 .

mantel

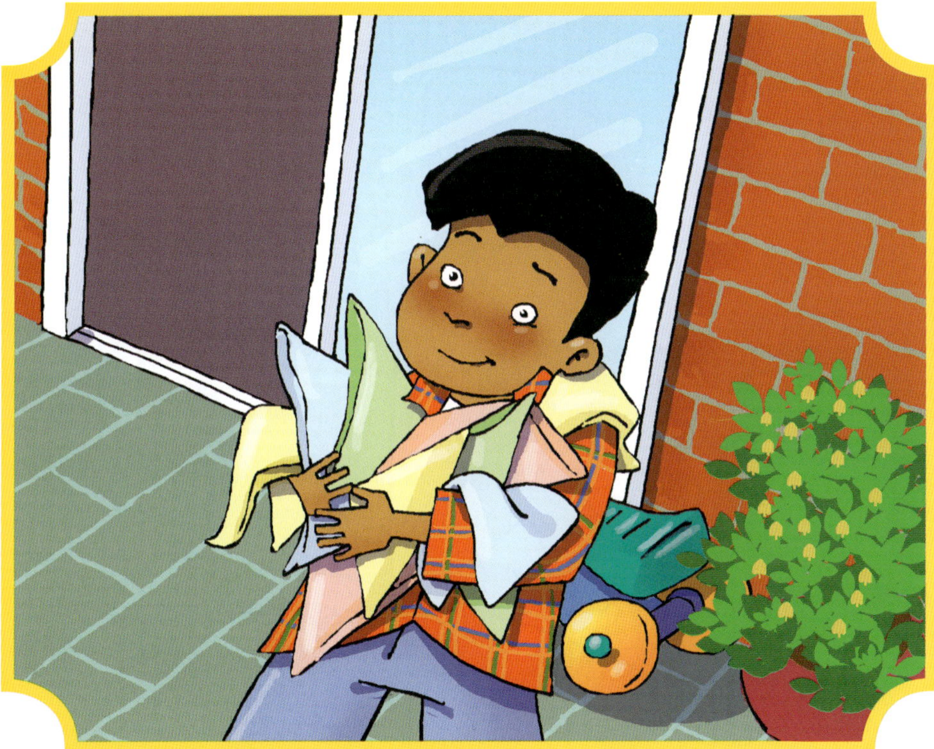

Él pone las 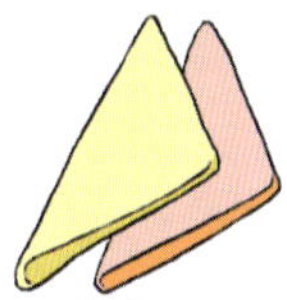.

servilletas

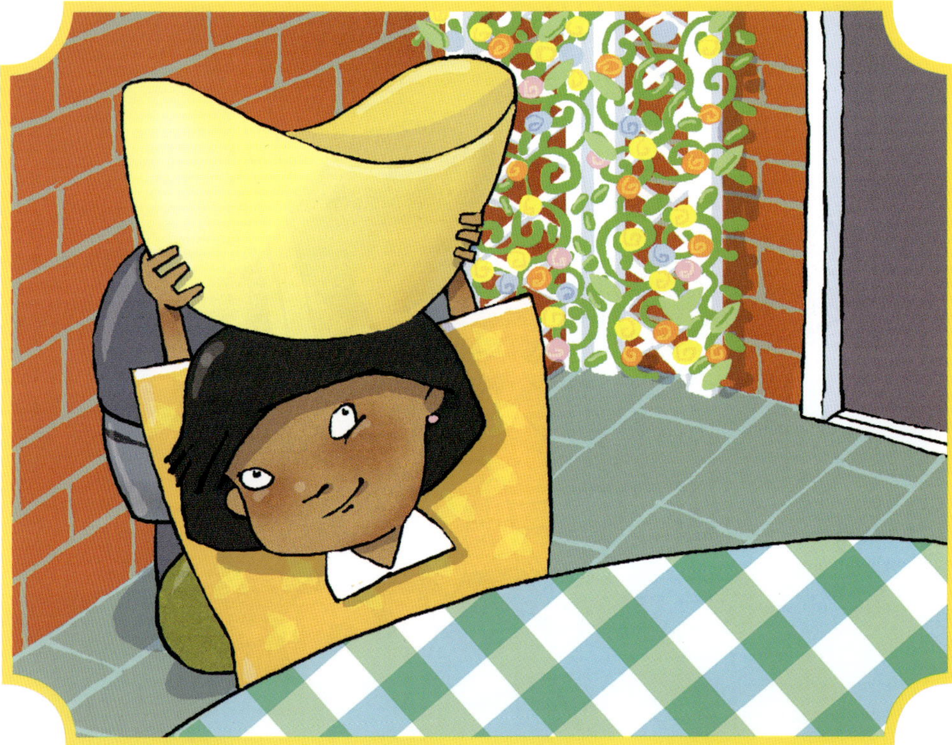

Ella pone este 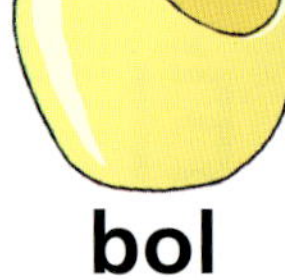 .

bol

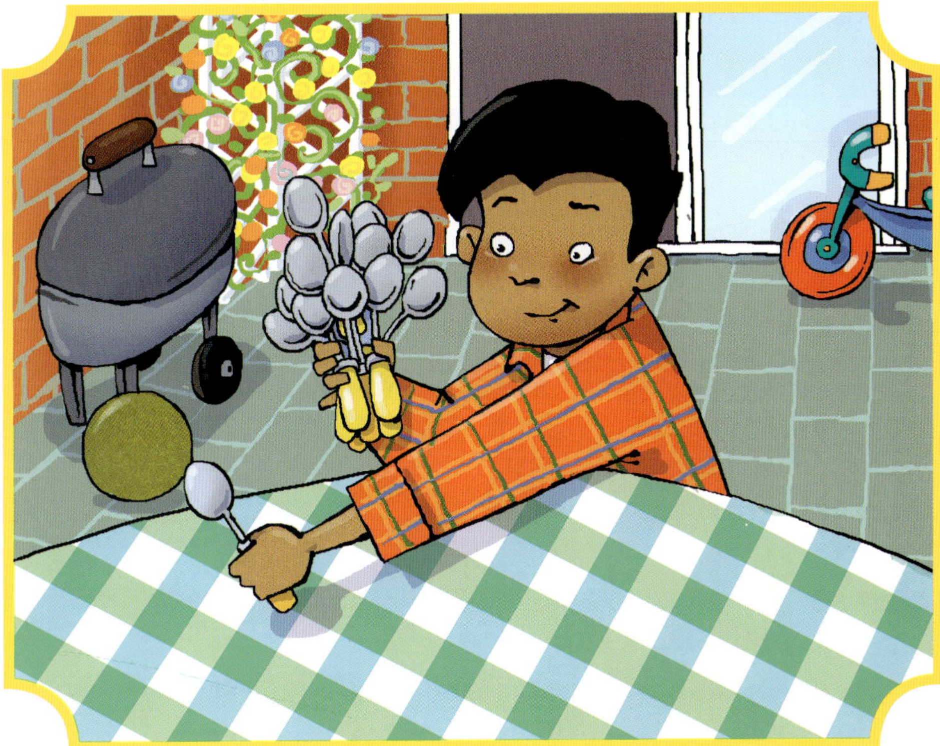

Él pone las 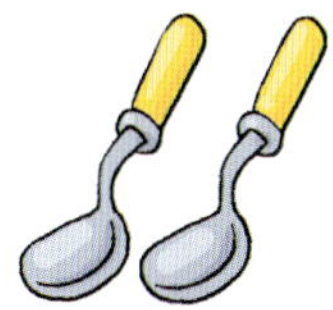 .

cucharas

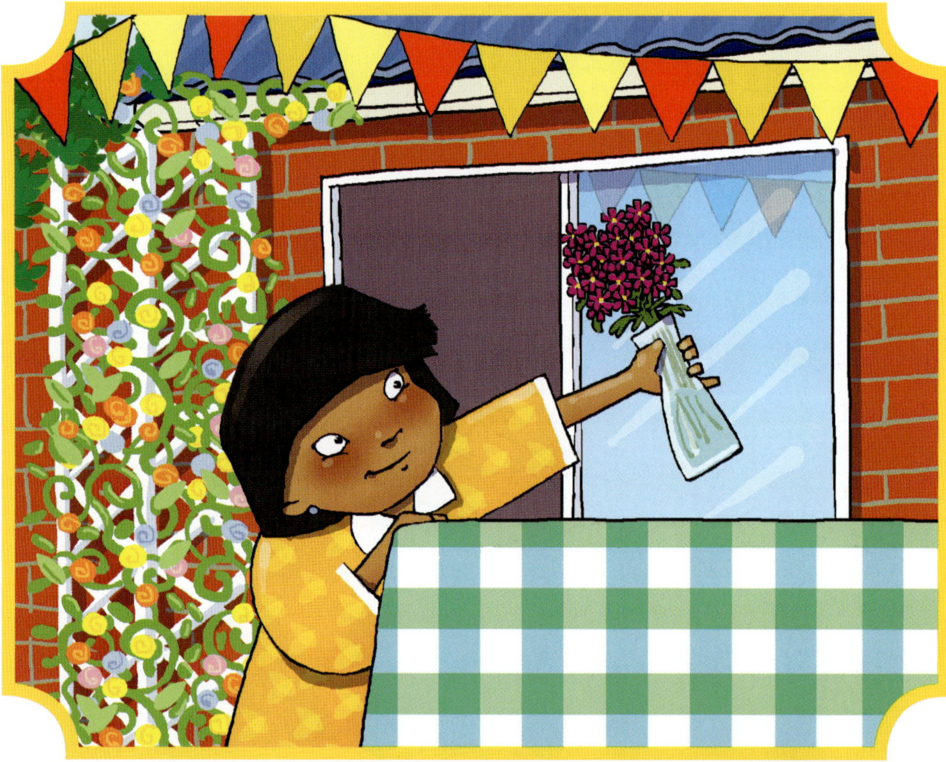

Ella pone este 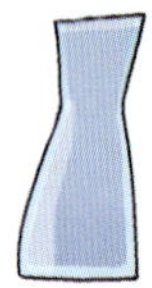.

florero

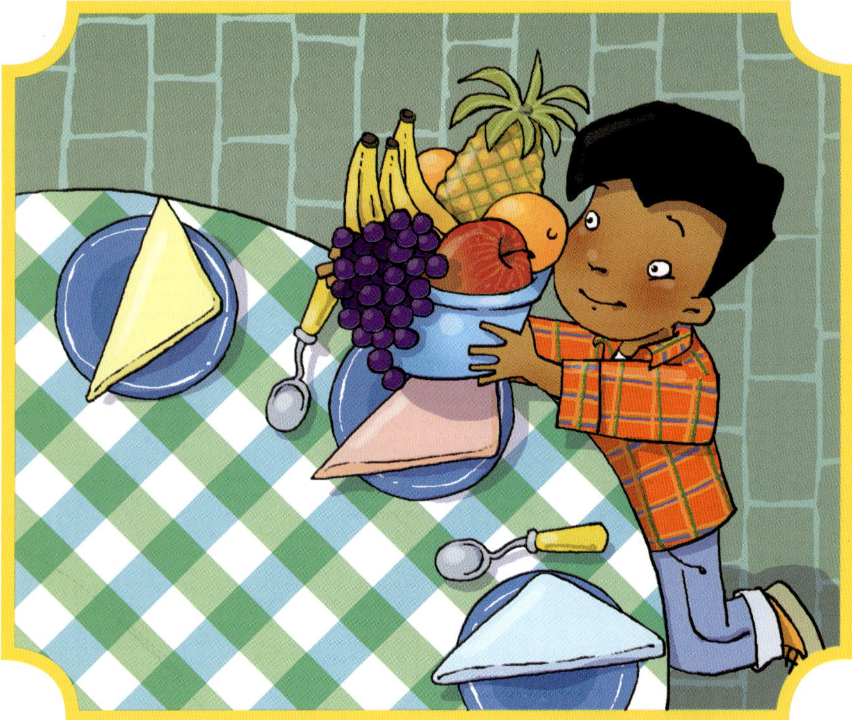

Él pone las 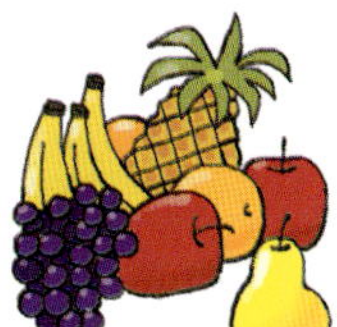 .

frutas

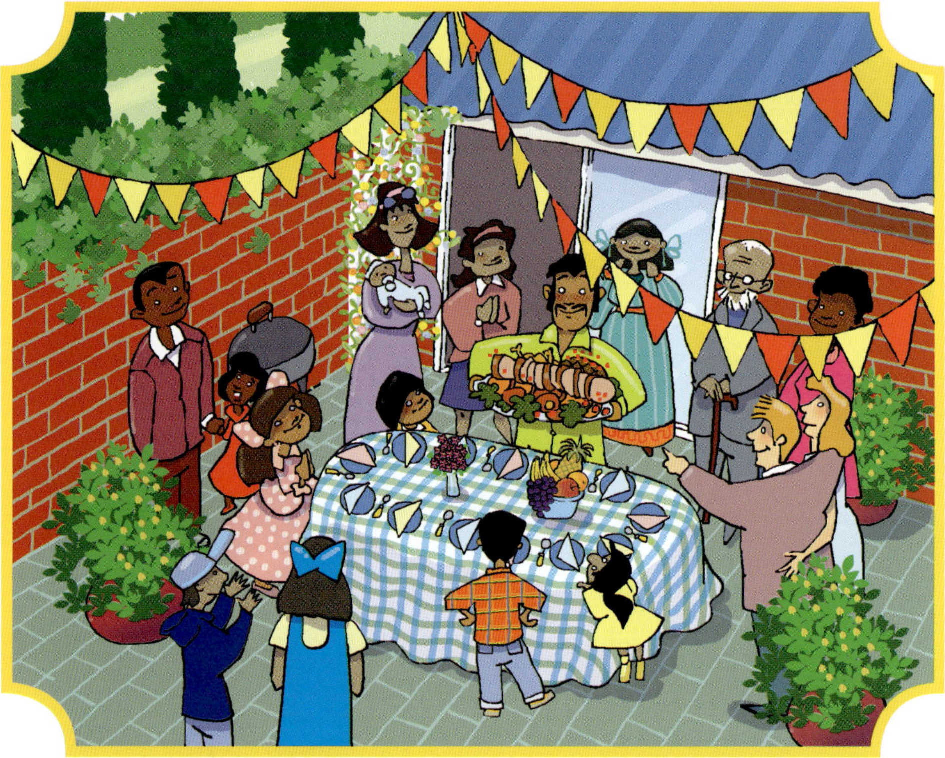

Él pone la 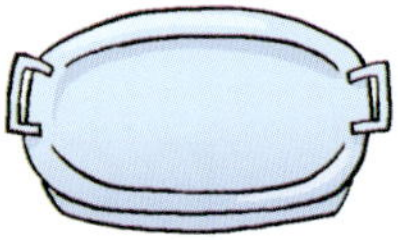 .

bandeja